DISCOVRS

DE LA VERMINE
ET PRESTRAILLE DE
Lyon, dechaſſee par le
bras fort du Sei-
gneur :

*Auec la retraicte des moines, apres la ſommation
a eux faicte : Regrets, deploration, mort, &
Epitaphe du Pape.*

ENSEMBLE LES LOVANGES
donnees au Seigneur, pour les grandes merueilles qu'il ha fait voir au peuple de ſa ber-
gerie, & à la conſolation de tous
vrays Fideles.

PAR E. P. C.

Auec l'Epigramme du dieu des Papiſtes.

M. D. LXII.

AV LECTEVR.

Amy Lecteur, pren en gré ce discours,
Et ne t'enquiers, s'il te plaist, de l'Autheur,
Car quel qu'il soit, il ha visé au cours
Des grans merueilles, que fait le Createur.
Durant ce temps remply d'estonnement:
Si mieux que luy quelque autre prent enuye.
De reciter le fait plus amplement.
Ioyeux seray, & loueray la vie
D'vn tel esprit, en vray contentement.

Mais n'y a-il appel quelque autre part,
Pour euoquer de mon procés la cause?
Nenny,nenny,bien tard suis arriué,
Car autre iuge ne sera ia trouué.
Helas donc helas,mes petis marmitons
Tenez mes reins , que mõ cueur se repose,
En attendant d'enfer les diablotons.

Epitaphe du pape mort.

Pape papaulé couuert de papillons,
A faict le saut, duquel n'auray enuye,
Or certain que diables a millions
Ont du puant l'ame du tout rauie:
Dont soit chanté au Seigneur la louange
A haute voix,& ioyé a ses anges
D'auoir ainsi mis son Eglise a deliure
De ce grand monstre infernal antechrist:
C'est ce qu'est dict a la fin du beau liure
Liure certain,que sainct Iean a escrit.

RECIT DE L'OEV-
uré du Seigneur en la ville de
Lyon, pour action
de grace.

Dieu nous a fait voir,
Par son grand pouuoir
Ce siecle doré
Et tant desiré.
Marot, ou Clement
Disoit bien comment,
Et en beau langage
Qu'apres son aage,
Ce don precieux
Nous aurions des cieux.
Ainsi peuple estrange
Chantera louange
De cœur & de voix
Au grand Roy des Roys
Et par tout sentier
Ou parmy la rue,
Le doux charretier
Auec sa charrue
Ira benissant,
Le Dieu tout-puissant.

L'ar-

L'artiſan de ville
Sera plus habile
Qu'onques n'a eſté
En ceſte cité,
Ny en ſa famille.
Et pour ſoulager
Son labeur par champs,
En pluſieurs beaux chants
Ouyr on pourra
Qui viuant ſera
Chanter le Seigneur,
Parmy le vergier
Les faits triomphans,
Que Dieu aux enfans
Par Chriſt adoptez,
Et pour ſiens contez
De tout temps là ſus
Les mettant deſſus.
Mais ou eſt celuy
Qu'eſt pareil à luy,
Le Dieu ſouuerain,
De ſa propre main.
Et de ſon beau fort
A fait tel effort
Viſte & ſoudain,
De ceſte Cité

Peuple a fuſcité
Pour ietter dehors
Preſtres ſalles & ords,
Et leur meſſe feinte
Du tout là eſteinte.
Or on s'esbahiſt
Que ſi doucement
Ceux que Dieu hayſt
Ont eſté traictez
Si humainement.
Car aux grans alarmes
Hommes de leurs armes
Pas vn n'ont bleſſé,
N'a mort offenſé.
Tellement que Dieu
En ce meſme lieu
Nous a bien fait voir
Et apperceuoir
Qu'il peut tout de rien
Sur chacun Chreſtien
Qui ſur ennemis,
Qu'il a en regne mis
Car ſans coups frapper
L'on a veu happer
Tous ces grands vaiſſeaux
Qui ſembloyent ſi haults,

Et

Et si la prestraille
Orde salle & immonde
N'est plus en ce monde.
C'est Dieu qui d'enhaut
A fait ce qu'il faut
Pour les enfans siens
Fideles Chrestiens
Nous donc qui ne sommes
Seulement fors qu'hommes
Disons hardiment
Que Dieu seulement
Du pouuoir qu'il a
A fait tout cela.
  A toy donc Seigneur
Soit gloire & honneur.

CONTINVATION

en forme disputatiue de la déliurance
des fideles au Seigneur.

*

Ils auoyent beau faire,
Dieu vouloit parfaire
Ce qu'ils ne vouloyent,
Et ou ne pensoyent.
Mais ie leur demande,
Puis que Dieu commande
En sa Loy escrite
Que Moyse cite
En son Leuitique,
Quel autre Cantique,
Quels commandemens,
Quelles Decretales
Où quels iugemens,
Veulent ces prestrailles,
Qu'on obserue mieux
Que ceux-là des cieux ?
Ou quelle doctrine
Veulent commander
Autre que Diuine
Pour faire garder ?

On

On lict en vn lieu
Qu'eſcrit ſainct Matthieu,
Qu'à neant honorent,
Et leur Dieu reuerent
Ceux-là qui de bouche
Ou le cœur ne touche
Font des mandemens
Pour commandemens.
Car il eſt eſcrit,
Qu'il faut en eſprit
Le Seigneur ſeruir,
Et luy obeir :
Sinon, c'eſt en vain,
Et ſans la parolle
Eſcrite par roolle,
Qu'vn tel ſe trauaille,
Faiſant rien qui vaille
De ſa propre main
Auiourd'huy ou demain.
Dont auons eſtrange,
Ouy meſme d'vn Ange,
S'il veut prononcer,
Et nous annoncer
Vne autre doctrine
Qui ne ſoit Diuine.
Or qui adiouſtera

En ce liure, aura
Pour sa recompense,
Le mal qu'il ne pense,
Et par iugement
D'Enfer le tourment.

DES PASTEVRS

mercenaires estrangers chassez hors

la vigne du Seigneur.

Le grand Seigneur, le grand Dieu tout-
puissant,
Ces merueilleux presens grans & petis
A demonstré au peuple benissant
De cœur & voix les diuines louanges.
Quand a voulu que tous pasteurs estrãges
Fussent chassez, & iettez & sortis
Hors de la vigne du Seigneur Iesus Christ,
Côme luy-mesme & plusieurs l'ont escrit,
Establissant en leurs places & lieux
Les vrays Pasteurs pour bien la cultiuer,
Et sa Parole au dessus releuer
Contre le gré d'vn peuple enuieux.

Leur belle dulie
Et hyperdulie

N'en

N'entretiendront plus
Le peuple en abus,
Car leur chimagree,
Hymnes & suffrage
Au Seigneur n'aggree.
Dont n'y a passage
Dicté ou escrit
Par le Sainct Esprit,
Qui face ou approuue,
Ce que ceste Louue
De Romme Antechrist,
Monstre par escrit.
Ainsi tous Fideles
Doiuent humblement
Te rendre Seigneur
Fort deuotement
Gloire & honneur,
Pour toute action
De l'affection,
Que tu as des cieux
Fait deuant noz yeux,
Icy à Lyon
Pour Religion.

FIN.

EPIGRAMME
DV DIEV DES
PAPISTES.

***

VOYCI le dieu des Prelats, &
   du Pape,
  Qui tout l'argent des Papiftes
atrappe.
Il fut extraict, & print fon origine
D'eau feulement, & d'vn peu de farine.
Il a efté dans le feu fricaffé
Entre deux fers, ou il eft compaffé.
Puis eftant cuit, d'vn trenchant ferrement
En rondeur eft reduit entierement,
A fon plaifir qui veut l'achepte, & vend
A quarterons, a douzaine, ou au cent.
Et faut (qui veut parfaire vn tel ouurage)
Eftre veftu d'habits de badinage.
Car quand on dit la Meffe Papiftique,
Le preftre adonc le fait & fophiftique
Par charmes, croix, adiurations, fignes,
Par foufflemens, fingeries, & mines,
Et marmotter en fi grand' abondance,
Qu'il eft fait tel comme le preftre penfe.
Eftre acheué, on l'efleue & honore:
                  Chacun

Chacun Papiste à son pouuoir l'adore,
Luy allument torches, cierges, chandelles:
Dont il ne voit la lumiere d'iccelles.
Maint iſtrumēt d'orgue, cloche, ou châſon
On ſonne à luy, mais il n'entend le ſon:
Parce qu'il eſt muet, aueugle, & ſourd:
Et neantmoins pour le voir chacun court.
Mais à luy vient telle adoration
A detriment, & grand confuſion.
Car toſt apres des preſtres meſſotiers
Il eſt briſe par pieces & quartiers.
Son propre pere, & qui la fait, le mange,
Le plus ſouuent, ou quelque fois le range
Aupres de luy, en vn coin à l'eſcart :
Ou il le met ſur leſchauffaut à part,
Tant qu'on ait fait la farce, & mommerie,
(Qui deuant Dieu eſt pure mocquerie.)
Puis on le met en priſon en l'armoire,
En la ſaliere, ou bien dans le cyboire:
Auquel on pend ſe poure dieu au croc.
Et s'il aduient qu'il y demeure trop
Cela eſt ſeur que la darne & vermine
Le vient ſaiſir qui le ronge & le mine..
S'il eſt ainſi que le preſtre s'oublie
A enfermer, ou ſerrer ſon oblie:
Le rat ſubtil, qui toute la nuict gratte,
La luy reſtraint des dents, & de la patte:

Ou

Ou bien s'il faut qu'il soit dehors marchât:
Le prestre adonc lequel le porte aux chāps
(Comme appartiēt à vn tel dieu qu'il est)
Luy fait l'honneur qu'on fait à vn mulet,
Faisant clocher vne telle campane
Qu'on met au col d'vn mulet, ou d'vn asne
Il est suiet à beaucoup d'escarmouches,
Qui luy sont faits par araignes & mouches
Mais non pourtāt qu'il soit dieu insensible:
Dieu de neant, & qu'il est corruptible:
Qui (cōme void chacun par raisons viues)
Rien ne vaut fors à cacheter missiues:
Ou encoller & affiger placards
Aux carrefours, qu'on met en toutes pars.
Ce nonobstant par trop grand' interualle
Il a credit en la terre Papale.
Voire si grand que qui le veut nier
Incontinent on le fera nier,
Brusler tout vif, escarteler, ou pendre,
Couper la teste, ou aux tourtures tendre,
Et tourmenter par si cruel martyre
Comme sera possible de l'elire.
Sous sa faueur Papes & Cardinaux,
Et leurs Prelats fōt à tous mille maux:
Lesquels icy ne serōt pas dressez
Car en public chacun les voit assez,
De perpetrer lesquels ils n'ont nul honte,

Pource

Pource qu'ils n'ont personne qui les dôte.
En maints pays, royaumes, & prouinces,
Sont abestis les Rois, seigneurs, & princes:
Si sottemét, qu'ils pensent qu'en tout lieu,
L'oblie soit Iesus Christ Fils de Dieu.
Mais l'Eternel vn matin en effect
Corrigera leur pernicieux fait:
Et destruira instamment & à haste
Ces abuseurs auec leur dieu de paste:
Et abbattra de Rome l'Antechrist,
Pour donner bruit à son Fils Iesus Christ.
Lequel apres nous donnera entendre,
Comment il faut sa saincte Cene prendre,
Qu'il ordonna en ceste intention,
Que ceux qui ont communication
Au Sacrement:lors leur ame est nourrie
Dessous l'espoir d'vne eternelle vie.
Le pain , lequel nourrit le corps de l'hôme,
Le corps de Christ no°represente,& côme
Il nous nourrit spirituellement
L'ame & l'esprit en ce sainct Sacrement.
Le vin qui tient l'homme gay & ioyeux,
Monstre le sang de Iesus precieux,
Lequel nous rend à tous spirituelle
Refection, & la vie immortelle.
Ce Sacrement nous donne ce bon Roy,
Et nous à luy,si nous auons la foy:

Croyans

Croyans qu'il est mort, & ressuscité,
Pour effacer de nous l'iniquité,
Et nous côduit des bien-heureux au port,
Nous deliurant de l'eternelle mort.
Ce Sacrement, ce beau don ratifie,
Et de Iesus la mort nous signifie,
Qui s'est offert vne fois à son Pere,
Pour nous tirer hors de toute misere.
Dire ne faut, ne penser en ses esmes,
Que ce pain soit le corps de Iesus mesmes :
Mais seulement le signe d'iceluy,
Qui nous conduit, & nous enuoye à luy :
Lequel par foy en noz cœurs receuons
Toutes les fois que ce pain nous prenons,
Voyla le but lequel il nous faut suyure,
Si nous voulons eternellement viure.

F I N.

PREFACE.

Agots, Caphars, & la ver-
mine
Sont du Seigneur iuſtemēt
punis :
Ils s'amuſoyent à la cuiſine,
Mais on les ha chaſſez de leurs nids.
Void-on pas là du Seigneur le bras fort,
Les grãs merueilles & puiſſance hautaine?
Certes de Dieu la parole eſt certaine,
Qui ha predit l'iniure & le tort,
Que l'on feroit à l'vn de ſes enfans
Seroit vengé de ſa haute iuſtice :
Ainſi s'eſt-il monſtré doux & propice
Lors meſmement que les plus triomphans
Deliberoyent tout perdre & renuerſer,
En vn moment du Seigneur la parole
Et c'eſt cela qui ſes eſleuz conſole,
Par viue Foy, qu'ils ont de trauerſer
Là ſus au ciel, ou ſe grand Dieu habite.
Voylà comment du Seigneur la pourſuite

S'eſt demonſtree, deuant tous à ceſte fois.
Voyla comment du Seigneur l'exercite
Ha triomphé, par ſus Princes & Rois.
Qui eſt celuy qui iamais euſt penſé
En vn inſtant voir cas ſi merueilleux:
Meſme en temps l'vn des plus perilleux
Qui ayt iamais deuant noz yeux paſſé?
Voir ſi ſoudain la parole de Dieu
Leuë, preſchee & annôcee en maint lieu?
Hâ Roy des roys, des ſeigneurs le Sei-
gneur !
A toy ſoit gloire, Empire & tout hôneur
        Ainſi ſoit-il.

DISCOVRS

DE LA VERMIN

ET PRESTRAILLE DE LYON,

dechaſſee par le bras fort du Seigneur.

Oynes s'en vont & preſtraille à
    Cras,
Il eſt bien temps qu'ils deſlogent
    auſsi:
Rien n'en feroyent ſinon qu'on feiſt ainſi,
De leur meſtier qu'on chauffe l'ipocras
Car l'eſtraignant comme l'eſponge yure,
Le ſuc qu'elle ha, & toute ſa ſubſtance
Rendra alors, ie-dy, à noſtre France
Tout ce qu'il faut, que bien toſt luy de-
    liure:
Mais c'eſt pitié, quãd à part moy ie ſonge,
De ces pourceaux, ces truans & infects,
Les ſacrileges, larcins & forfaicts,
Certainement, ie-dy que ceſte eſponge
Doibt regorger, & rendre entierement
Ce, dont ces braues viuent ſi molement,
Puis reprenãs la laine & la toiſon,
Qui ſont mignards ces peres venerables,
Informer faut, ſi de droit & raiſon,

L'on détermine, qu'ils delaissent leurs ta-
bles.

Sus donc Caphars, venez auant & viste,
Car contre vous se fait telle poursuite,
Que si moquez vous estes de ce monde,
C'est le salaire de vostre vie immonde.

Responce par la vermine.

Faut-il marcher & sortir de l'autel,
Pour ceder lieu à ces nouueaux Chrestiés?
C'est bien assez pour se rendre à Postel,
Ou à Mahon, que i'estime & tiens
Grand Roy, Prophete, & bon seigneur
    du Pape,
Mais que dy-ie, si quelqu'vn ce propos
M'oit proferer, me voylà au rolle escrit
De ces galans, & de leur Antechrist.
Or de fuyr, ie ne suis pas dispos,
Pour garentir ma vie de leurs mains,
Tant seul ie suis, que fiers & inhumains
Sont enuers nous ces Huguenaux ioyeux,
De se véger, du tort qu'ils nous proposent,
Pour auoir fait à leurs Peres & eux.
Ie suis perdu, quoy que Guysard & Postel
I'ay le sens tors, ie me voy detestable:
Voire des hommes, & sur tous miserable,
                                    Si

Si n'ay secours du Pape ou d'Enfer,
Vien donc helas, nostre amy Lucifer ;
Vien releuer, vien redresser sur table,
Viande, marmite & potage versez,
Cy bas en terre & presque renuersez.

L'autheur Replique.

Si le barbet rongeant l'os fait grimace,
Si le lyon se plaist tenant sa proye,
Si le coquin coquinant tient sa besace :
Et si le chat d'vne souris prend ioye,
Quoy que rumine & murmure apres,
S'esbahist-on maintenant si expres,
Fripons, Caphars, moynerie & prestraille,
Tant se tormentent, tant grondent rumi-
nans ?
Car quád on dit à ceux-cy qu'on s'en aille,
Rendans le suc, qu'ils tiennét puis mil ans,
Disent tres-bien qu'on les a mis leans,
Non pour sortir, ny pour se rendre aussi :
Mais quoy que disent, par mort sera trássi
Tout moyne & prestre, cagot & missotier,
Sinon que viste il change son mestier.

Helas ! quel temps, quel siecle tant diuers ?
Quelle misere ! ouy plus que miserable :
Sortir ainsi, de ce cloistre notable
Prestres, Chartreux, Augustins & Carmes !
Que faites vous, dormez vous à l'enuers ?
Ouurez voz yeux, voyez les à nostre huis
Ces-Huguenots, qui demandent raison
De la laine & aussi de la toison.
Mais que ferons, helas, plus ie n'en puis :
Tant ie me trouue en mon conte esperdu :
Sans point de faute, ilz nous mettrot à sac,
Pour retirer ce qu'ilz auoyent perdu,
Quoy que pour nous soyent de Guyse ou
Sauczac :
Hâ mon temps doux ! ou est-ce que tu vas ?
Me laisse tu à mon besoing ? Helas !
Pres de soucy & loing de mes esbas ?
Hâ ie me meurs, sanglotte, & rens l'esprit,
Pour abysmer auecques l'Antechrist.
Mais quoy ? Nostre ost, nostre gédarmerie,
Gentilz garçons, expers & belliqueux,
Pas ne souffrez, que nostre moynerie
Rauie soit, mais plus fors soyez qu'eux :

Es-

Escoutez donc, mettez icy vn point
Entre les autres, ceste gent ne doit point
A my nuict & iour, nous poursuir, & ne
  cesse,
Pour rayer bas noftre tresfeinte meffe:
Vous feindrez vous côtre ces heretiques?
O mes amys, ie vous fay la promesse
Si vous vainquez ces rufes fchifmatiques,
Que fur mes biens aurez rente notable :
D'or & d'argent, ou autre recompenfe,
Qui foit condigne, ainfi comme ie penfe,
De voz labeurs.   Et fi moy venerable,
Ne puis conter de mes mains les deniers:
Car vous fçauez que tous mortelz nous
  fommes,
Moynes & preftres , comme les autres
  hommes,
Ie vous declaire , & aux miens ie com-
  mande,
Que mes debetz foyent reculez derniers,
Et que premier payé foit voftre bande.
Or c'eft affez, au moins côme il me femble:
Car fans faillir, i'ay crainte & fi tremble,
Voire auec peur que foyons ruynez,
Et d'huguenaux foudain exterminez.

Sommation portant commandement aux moynes de vuyder incontinent.

Cà moynes çà , trouſſez voz blanc
    habitz,
Deſpeſchez vous,& monſtrez voz vertus
Ne regardez à funebres n'obitz,
N'à purgatoire,n'auſſi voz long veſtus:
Car voicy l'heure qu'il conuient deſloger
Cà marmitons, çà fripons , papelard
Ailleurs qu'icy vous faut aller loger :
Que tardez-vous,ſont-ce les poids au lard
Qui font plorer & regretter voſtre art ?
Quelle practique, quels trôpeurs de gens
    laiz
Mais irez-vous moynailles & punais?
Vie auant, ſus à coup , hay , dehors,
C'eſt trop tardé, cerchez ailleurs paſture:
Ou autrement pour voſtre nourriture,
Coups de baſtons porterez ſus voz corps.

L'adieu & retraite des moynes.

A dieu helas! mes plaiſirs mes amours,
Adieu lieſſe, adieu tous les esbas :
Adieu confort, adieu l'aiſe & ſoulas,
Adieu le cloiſtre, adieu tous les ſins tours :
    Adieu

Adieu la souppe, & adieu moynerie,
Adieu vous dy la trippe la bedaine,
Adieu choux gras, prez, puyts & la fon-
taine,
Adieu vergers ou ma ioye est perie :
Adieu soyez mes frippons & racaille,
Adieu vermine & toute la prestraille
Adieu vous autres, quand on dict qu'on
s'en aille :
Adieu mes iours, mon lict & mon repos,
Adieu mes vins, adieu vous dy mes pots,
Adieu trestous de l'Antechrist suppots :
Adieu ma Nymphe, mon tendron, ma ia-
nette,
Adieu faucons, plaisante venerie,
Adieu oyseaux, adieu mes petis chiens,
Adieu barbets, plus ne vous entretiens,
Adieu les carthes, les dez & piperie,
Adieu helas, nostre friponnerie,
Adieu perdrix, pigeons, poulets, pluuiers,
Adieu la sauce qu'on fait sur les ramiers,
Adieu chapelles & pain de liuraison,
Adieu vous dy, sans faute, c'est raison,
Adieu chasteau, bassecourt, & maison,
Adieu mes vins d'amoureuse liqueur,
Adieu vous dy tous mes freres à milliers,
Adieu Conuers, & tous les Cordeliers.
Adieu

12

Adieu vaisselle, & la tapisserie,
A Dieu soyez Iacopins & Prelats,
A dieu Chanoines, à dieu gaudisserie,
A dieu trestous, à dieu car ie suis las.

*Prouidence monachale pour cercher moyen de
viure apres son departement.*

Or çà amis que ferons nous pour viure?
De tenir champs pour abbattre & tuer,
Le beau premier my veux euertuer.
Est-ce bien dict?cómençons à poursuyure
Ces huguenaux, possesseurs de noz biens.
Mais que di-ie?vaut il pas mieux aller
Par-cy par là de noz mains trauailler,
Qu'estre semblable à mastins ou à chiens,
Sans nul greuer,comme dit l'escriture?
Elle le dit,de le faire n'ay cure,
Non,car ie dy,que ce n'est la coustume,
De polluer noz beaux doigts, noz mains
oinctes:
Quoy trauailler? comment le ferons nous?
Il n'est possible de passer par ces poinctes,
Car quant à moy, i'ay galle, appostume,
Ie suis meseau, & tres-vilain ordeux,
Voyez mes mains de ladrerie teinctes.
Or n'est possible,oyez le haut & clair,

Sus

Sus donc garçons, escoutez moy cõment,
Nous reuiurons, ie suis vn bien peu clerc,
A mon aduis plus commodement,
Pourray parler à tous aux grandz mes-
    sieurs,
Tout ainsi comme ie fay à mes cieurs
Quand en mes prez ie prens esbattement.
Or disons donc ie pense à noftre cas,
Si commençons à ces grands Aduocats:
Puis aux marchans faire rendre la gorge:
Que vous en semble? c'est bien dict par
    sainct George,
Mesme de moy ie m'accorde à tel cas:
Et moy aussi, & nous tous par ensemble:
Cà donc galans point ne vous tourmẽtez:
Car ce faisant, ainsi comme il me semble,
Nous ferons tost puissans & remontez:
Mais qu'est-cecy? par ma foy ie suis yure,
De tel langage inuenter & poursuyure:
Ces marmitons, ces fripons de cuysine:
Ces iouuenceaux craignẽt tous la famine,
Non, non, abus, yure ne suis de vray,
Alons, marchons, arriere fantasie,
Le beau premier qu'en mes poings ie tien-
    dray,
Ie suis tout seur qu'il y perdra la vie:
Mais si plus fors que nous ou noz bastons

Nous

Nous rencontrós, difons que nous taftons
S'ils font des noftres, ou de l'Huguenodie,
Et ce-pendant qui fauuer fe pourra,
Fera beaucoup, & mort efchappera :
D'eftre penduz c'eft pour le moins qu'il
 fault
Le premier pris qu'il commence le fault.
Alons, courons, à l'affault à l'affault,
Ne craignons point, Nenny non, ce n'eft
 rage
Ny moins encor' pour perdre le courage :
Tuons, frappons, menons icy les mains,
Que foyons veuz vaillans & inhumains
Hâ qu'eft cecy ? fuyons, fuyons amys :
Helas ! voicy Huguenaux ennemys,
Des bons fuppofts de noftre mere Eglife
Retirons nous vers le feigneur de Guyfe.
 Alons galans.

Complainte de la loue Romaine condamnee
 du Seigneur.

Comment pourra mon clergé prendre
 haleine,
En ce dur temps, tant eftrange & diuers ?
Helas ! comment viẽt l'heure fi foudaine,
En ce pays, & par tout l'vniuers
 A mes

A mes enfans, mes tendres creatures,
Vrays champions de la graſſe marmite?
Souffrirõs-nous qu'ainſi tombe à l'enuers,
Et que ceux-cy rauiſſent noz paſtures,
Faiſans ſur nous ſi exacte pourſuite?
Helas comperes, gardiens & chartreux,
Que voz regards me ſemblent ſoucieux!
Que feras-tu mon amy mon clergé,
Eſtant ainſi d'Huguenaux affligé,
Monteras-tu vers le grand Roy des cieux,
Pour reclamer ſon aide & ſon ſecours?
Las! ie ne puis à luy dreſſer ma véuë,
Car fort iē doute ma voix n'eſtre entédue.
Hâ! Iuppiter à toy va mon recours,
Donne faueur, donne allegeance
A mon clergé nauré de tel tourment:
Que peu s'en fault que mon ame ne ſorte
De ſon logis, & de moy ſe tranſporte.
Làs! Roy plaiſant, mon ſeigneur Iuppiter,
Fay que ces maux nous puiſſons euiter,
Et d'huguenaux les mais aſpres eſchapper.
Mais qu'eſt cecy? ſi lon me veut happer,
Cõtrainct ſeray de rendre côte au double,
Et ceſt cela que plus mon cerueau trouble:
Voire auec peine & faſcherie dure:
Car certain ſuis qu'à la meſme meſure
Qu'auray verſé, on verſera au double

Comme

Comme l'escrit nôstre Apocalypfe
En certain lieu, fi bien i'en fuis recordz.
Hâ cõfciéce, quels crimes, quels remordz
Tu'as raifon de me tirer en liffe,
Parmy ces lieux mé ruant en tenebres.
Mais, ô Enfer, retire toy de moy,
Ne m'apprehende en ce piteux efmoy :
N'aye memoire des pompes & funebres,
Dont nourry ay tout mon clergé, & moy
Lâs trop à l'ayfe, dont fort ie m'en repens
Vien donc des Aftres le fecond gouuer-
        neur,
Monftre ton ayde fur moy ton feruiteur:
Car banny fuis du Royaume des cieux,
Et au vray Dieu ne puis leuer mes yeux:
Lâs s'en eft faict, de moy tres-deteftable,
Mourir ie vay de rage efpouuentable:
Car le grand Roy l'Eternel & grand iuge
Sur mes Prelats, Curez, & Euefques
        cornus :
Prononcé a, voire fans nul refuge,
Sentéce à mort, qui nous rend blé camus.
Hâ mort amere, mort mortelle & dure,
Faut-il chez toy nous foyons eftendus,
Et languiffans, ciez ou bien pendus?
Ia ce tourment i'apprehende & endure,
Dõt mõ cœur fend & en deux fe mefpart :
                              Mais